AF438266

NOTICE

SUR

M. LE DOCTEUR VIDECOQ

MÉDECIN

DU BUREAU DE BIENFAISANCE DU XIᵐᵉ ARRONDISSEMENT.

Extrait de **l'Union Médicale**, des 15 et 17 Juin 1858.

NOTICE

SUR

M. LE DOCTEUR VIDECOQ

MÉDECIN

du Bureau de bienfaisance du XIe arrondissement;

PAR

LE DOCTEUR DEQUEVAUVILLER.

Lue le 31 Mai 1858, à la Société médicale du XIe arrondissement, qui en a voté l'impression.

Dès que la mort vient d'arracher à la science un de ces hommes illustres que l'importance de leurs travaux ou l'éclat de leur renommée signale à l'attention publique, on s'empresse à l'envi de recueillir ses titres de gloire, de rappeler et de vanter les services qu'il a rendus; et le but qu'on se propose avec raison est non seulement de payer une dette sacrée imposée par la reconnaissance, mais aussi d'exciter une noble émulation parmi ceux qui lui survivent. Cependant une vie brillante semble le protéger contre l'oubli; on pourrait croire superflu de prendre soin de sa mémoire. Mais quand disparaît un de ces hommes modestes qui consacrent sans bruit toutes les forces de leur intelligence au soulagement de leurs semblables, quand il s'agit d'un médecin qui a voué toute une vie de labeur aux utiles mais obscures fonctions de la pratique, le souvenir du bien accompli disparaît trop souvent en même temps que le bienfaiteur. Le devoir de la reconnaissance est cependant d'autant plus impérieux alors, l'éloge d'autant plus nécessaire, que les services rendus ont été moins éclatants.

C'est ce que vous avez parfaitement compris, Messieurs, lorsque vous avez décidé qu'on vous entretiendrait quelques instants de l'excellent confrère que nous venons de perdre; vous avez jugé que, retracer l'emploi qu'il avait fait de sa vie, rappeler le zèle et l'abnégation qu'il avait mis à remplir les pénibles devoirs de sa profession, serait faire une chose utile pour vous qui, suivant la même carrière, trouverez dans ce tableau des motifs de consolation et de persévérance, pour vos jeunes confrères, qui y verront un bon exemple à suivre, pour quelques-uns même de ceux qu'il a secourus, qui y puiseront de salutaires sentiments de reconnaissance.

Pierre-Augustin Videcoq naquit à Paris le 13 août 1806, de parents qui étaient venus s'y fixer, après avoir acquis une honnête aisance en consacrant leur jeunesse aux travaux de l'agriculture. D'une constitution faible et d'une santé délicate, Videcoq eut besoin, dès son enfance, de toute la sollicitude maternelle; et lorsque vint l'époque de lui faire commencer ses études, son père, craignant pour lui le régime sévère du collége, aima mieux le placer dans une pension où la discipline fût plus douce et les soins hygiéniques plus abondants; il le fit donc entrer dans l'institution Savouret. Mais si cet arrangement fut favorable à la santé du jeune homme, il le fut moins à ses progrès littéraires; et lorsque Videcoq, parvenu en troisième, déclara qu'il voulait être médecin, son père, sentant alors l'insuffisance des moyens d'instruction mis jusqu'alors à la disposition de son fils, le prit avec lui et lui fit achever ses études comme externe libre au collége Charlemagne, qui était déjà l'un des plus forts de Paris. Videcoq y termina sa philosophie en 1825, fut reçu bachelier ès-lettres le 19 octobre de la même année, et alla, quelques jours après, s'inscrire à la Faculté de médecine.

Les deux diplômes de bachelier étaient alors exigés des étudiants en médecine, mais celui de bachelier ès-lettres était seul nécessaire pour l'admission à l'École. Les études des deux premières années à la Faculté étaient d'ailleurs aussi bien une préparation au baccalauréat ès-sciences qu'au doctorat en médecine ; le tout était de s'y livrer sérieusement. Les principes religieux et le sentiment du devoir que Videcoq avait puisés dès son enfance au sein de sa famille qu'il avait à peine quittée, le préservèrent de l'entraînement auquel s'abandonnent tant de jeunes gens au début de la carrière, et son temps fut si bien employé, qu'il fut reçu bachelier ès-sciences le 11 mars 1828, et externe des hôpitaux au concours suivant. Il fut placé à l'Hôtel-Dieu, dans le service de Dupuytren, et travailla avec tant d'ardeur, que, reçu externe dans un rang inférieur, il conquérait, deux ans après, la sixième place au concours de l'internat. Il resta dans le même service ; Dupuytren avait trouvé dans son élève assez de zèle pour lui confier, dès sa première année, l'une de ces places si briguées par les internes plus avancés dans la carrière. Ce fut encore à l'Hôtel-Dieu, dans le service de Guéneau de Mussy, que Videcoq passa sa seconde année d'internat. Le règlement le forçait, après deux ans d'exercice, de quitter cet hôpital devenu pour lui presqu'une patrie. Il entra donc à l'hôpital Cochin, dans le service de M. Jadioux, où il fit ses deux dernières années.

Au sortir de l'internat, Videcoq s'occupa de passer ses derniers examens et de rédiger sa thèse, qu'il soutint le 25 mars 1835, sous la présidence de Chomel. Le sujet qu'il avait choisi avait alors un grand intérêt ; il s'agissait de juger l'emploi des purgatifs dans le traitement de la fièvre typhoïde. Les principes de la médecine physiologique, fortement ébranlés par les revers du choléra, luttaient cependant encore avec énergie contre les attaques dont ils étaient l'objet. Broussais était là pour les défendre par sa parole puissante ; M. Bouillaud venait de publier de superbes résultats obtenus par les émissions sanguines dans les fièvres graves. Videcoq, élève de Dupuytren, avait adopté ces principes ; il avait étudié toute une année le traitement basé sur des principes contraires avec cet esprit de méthode et de conscience qui le caractérisaient ; il ne pouvait accepter sans défiance et sans faire violence à ses opinions les résultats heureux qu'il enregistrait ; ce qu'il y avait de favorable à la méthode dans ses conclusions n'en acquérait que plus de poids. Les antiphlogistiques doivent surtout réussir sur des sujets jeunes et robustes, tels que la généralité des militaires, sur lesquels Broussais fit ses brillantes recherches, conditions toutes spéciales qui ont peut-être exercé une notable influence sur ses convictions et ont contribué à les rendre plus absolues. Videcoq a opéré sur une population analogue ; il a soin de noter que toutes ses observations ont été prises dans une vaste salle d'hommes, sur de jeunes ouvriers, tous, excepté deux, récemment arrivés à Paris ; les résultats de son travail en sont plus concluants lorsqu'ils se trouvent en désaccord avec les principes de Broussais. Je vous demanderai donc la permission de m'arrêter quelques instants sur ce mémoire remarquable.

Le titre, un peu long, caractérise parfaitement l'époque : *Observations et réflexions sur l'emploi des purgatifs dans les maladies connues aujourd'hui sous les noms de gastro-entérites, d'entérites folliculeuses, de fièvres typhoïdes,* etc.

L'auteur commence ainsi : « Il est démontré aujourd'hui que, sous les noms de fièvres continues graves, inflammatoires, muqueuses, bilieuses, putrides, etc., on a désigné le plus souvent les différentes formes et les différents degrés d'une même maladie, dont le caractère anatomique le plus constant est une inflammation aiguë des cryptes muqueux isolés et agminés de la partie inférieure de l'intestin iléum et des ganglions mésentériques correspondants..... Il existe aussi des cas rares de fièvres graves dans lesquels l'investigation cadavérique n'a pas fait découvrir cette lésion des follicules ;.... il est vrai que l'on rencontre alors le plus souvent, si ce n'est même constamment, quelque lésion grave d'un autre organe..... » Et à l'appui de cette assertion, il donne l'observation remarquable d'un malade qu'il avait cru pendant tout le cours du traitement atteint d'entérite folliculeuse, et qui, à l'autopsie, ne présenta dans l'intestin que quelques rougeurs insignifiantes, tandis que l'un des reins était transformé en une poche purulente de la grosseur des deux poings. « Rien n'avait fait soupçonner pendant la vie cette grave altération. » Il passe ensuite à l'examen de cette distinction,

qui tenait alors une grande place dans la science, de l'entérite villeuse
et de l'entérite folliculeuse ; « j'ai vu, dit-il, ces maladies passer graduel-
lement des cas légers aux cas graves par des degrés tellement insensibles
qu'il est maintes occasions où il m'a paru impossible de dire, sans me
trouver exposé à être démenti par un autre observateur : cette maladie
est une entérite villeuse, ou bien, c'est une entérite folliculeuse. » Puis
il examine les diverses vicissitudes par lesquelles a passé la méthode de
traitement par les purgatifs, rappelle qu'elle est, au moment où il écrit,
en honneur en Angleterre sous le nom d'Hamilton, que M. Bretonneau
a cherché à la réhabiliter en France en limitant son emploi à la période
d'ulcération, et qu'on est arrivé enfin à l'appliquer dans tous les cas, dès
l'origine du mal, se proposant non plus de déblayer l'intestin, mais
d'augmenter la quantité du liquide qu'il sécrète et d'éliminer par cette
voie la cause même de la maladie.

Ces préliminaires établis, il passe à la discussion des faits qu'il a re-
cueillis, et les divise en trois séries d'après la gravité des symptômes ; il
place 13 malades dans la première, 17 dans la seconde, et 18 dans la
troisième.

Les malades de la première série ont tous guéri ; la durée moyenne
de la maladie a été de seize jours ; « ils ont guéri, ajoute Videcoq, sans
accidents notables, presque sans coliques ; les selles, loin de devenir
incoërcibles, se sont spontanément arrêtées, peu de temps après la ces-
sation du remède ; la sécheresse de la langue a été momentanément
augmentée lorsqu'elle existait déjà ou lorsqu'elle avait une tendance
marquée à s'établir, mais s'est promptement dissipée pendant l'emploi
des purgatifs. Sur les 17 malades de la deuxième série, 16 ont guéri ;
chez 5, l'amélioration a été rapide et la durée de la maladie de quinze
à vingt-deux jours ; chez 11, l'affection a continué sa marche, a même
semblé s'exaspérer d'abord, et la durée a été de vingt et un à trente-
quatre jours ; le 17e a succombé le trente-huitième jour, mais l'autopsie
a permis de constater une altération grave des deux poumons, sur la
nature de laquelle l'auteur ne se prononce pas, « parce qu'on ne voyait
nulle part, dit-il, des tubercules reconnaissables à leur aspect ordi-
naire, » mais qui, d'après la description minutieuse qu'il en donne,

paraît avoir été une infiltration tuberculeuse, d'autant plus qu'il existait, au sommet du poumon, « une cavité pleine de putrilage, de la grosseur d'une noix. »

Enfin, sur les 18 malades composant la troisième série, 6 ont guéri ; la durée moyenne de la maladie a été de 27 jours un quart ; sur les 12 qui ont succombé, 3 sont arrivés tellement malades, qu'il a été impossible de rien conclure de leur observation ; ils ont succombé dans les trois jours de leur entrée ; les 9 autres donnent une durée moyenne de vingt jours. En retranchant du nombre total 48 ces trois malades qui n'ont pu être traités et celui qui a succombé à une affection des reins, l'auteur trouve que la proportion des décès aux malades a été de 1 sur 4,4, et met ces nombres en regard de ceux de 1 décès sur 1,92 obtenus par M. Chomel, et de 1 décès sur 7,13 obtenus par M. Bouillaud.

Il termine par les réflexions suivantes :

« Si, dans le plus grand nombre des cas de fièvres légères, des laxatifs employés chaque jour sont suivis d'une prompte guérison, dans un degré plus élevé de la maladie, bien que l'on puisse voir encore des guérisons rapides, le nombre des cas où elle continue sa marche et où elle semble s'exaspérer est plus considérable.... Si les purgatifs peuvent être employés avec sécurité dans beaucoup de ces maladies, ils ne sauraient l'être dans toutes les formes ni toutes les périodes avec la même énergie, la même persévérance, ils ne sauraient surtout l'être journellement.... On aurait pu croire de prime abord, d'après ce que l'on sait de l'influence souvent heureuse des purgatifs dans les inflammations cérébrales idiopathiques, que c'eût été lorsque les désordres cérébraux prédominaient et qu'ils survenaient de bonne heure, que le traitement se serait montré utile, l'une de mes observations seulement a confirmé ces prévisions, mais plusieurs autres faits sont venus bientôt établir le contraire..... Les cas les moins favorables ou mieux les plus contraires à l'administration des purgatifs sont ceux où la maladie s'accompagne d'excitation considérable, d'un mouvement fébrile intense, parce que ces symptômes sont liés à une inflammation plus vive et plus étendue de la muqueuse. » L'auteur reconnaît aux purgatifs l'avantage d'entraîner les matières nuisibles qui séjournent dans l'intestin et d'en-

empêcher la résorption, mais craint qu'en accélérant le mouvement péristaltique ils ne favorisent les perforations ; il reconnaît pourtant que, bien que les malades traités par les évacuants se multiplient tous les jours, il n'a pas encore eu connaissance d'un seul cas de perforation pendant leur emploi.

Reçu docteur, Videcoq vint occuper, rue de La Harpe, n° 52, un petit appartement convenable pour un débutant, et s'y installa en attendant la clientèle. Il avait tout ce qu'il fallait pour réussir : une instruction solide, acquise à la grande école des hôpitaux, une régularité de conduite qui avait été toujours dans ses habitudes, et devait lui concilier rapidement l'estime générale, enfin des relations étendues dans la classe élevée de l'arrondissement. Mais vous savez que, même dans les circonstances les plus favorables, la clientèle se fait toujours attendre, et laisse au jeune médecin de longs loisirs. Il les utilisa en prenant part à la rédaction du *Dictionnaire des études médicales pratiques,* et devint ainsi le collaborateur de jeunes professeurs déjà connus dans la science, et de plusieurs de ses anciens collègues qui allaient bientôt y prendre un rang distingué. Les quatre volumes de cet ouvrage, qui seuls aient été publiés, contiennent quatorze articles de notre confrère ; quelques-uns d'entre eux, parmi lesquels je citerai calculs, cancer et coryza, sont réellement remarquables ; ils donnent un résumé exact de la science à cette époque, et se recommandent par la méthode et la concision ; il est vraiment regrettable qu'ils soient pour ainsi dire perdus dans un ouvrage qui n'a pas été terminé.

Pendant qu'il travaillait à la rédaction du *Dictionnaire,* Videcoq s'occupait d'une affaire toute différente et d'une bien autre importance pour lui. En janvier 1838, il épousa la fille de M. Hamel, ancien négociant, sœur de deux de ses camarades de collége. Il entrait ainsi dans une famille honorable, dont un membre occupait un rang distingué dans l'enseignement, et dont les principes religieux étaient en harmonie avec ceux qu'il avait professés dès son enfance. Il se donnait une compagne qui devait l'entourer de la plus vive sollicitude, lui rendre ces soins maternels dont sa santé avait si grand besoin, et prolonger ainsi une existence qui, sans elle, aurait été bien plus tôt tranchée ; c'est à

Mme Videcoq que nous devons tous d'avoir possédé parmi nous cet excellent collègue ; que de fois n'eut-elle pas à lutter, trop souvent, hélas ! sans succès, contre cet excès de courage qui lui faisait méconnaître les limites de ses forces dès qu'un malade le réclamait, et cet amour pour l'étude qui le fixait sur ses livres, bien avant dans la nuit, après une journée pénible, qui aurait dû être suivie d'un plus long repos.

Videcoq ne voulut pas installer sa femme dans son appartement de garçon ; il changea de quartier, se rapprocha de celui où avait demeuré son père et alla louer, rue Saint-Martin, un logement plus vaste. Il espérait qu'au milieu d'une population compacte, composée en partie de riches marchands, la clientèle irait plus vite. Il y acquit, en effet, des relations utiles qu'il conserva jusqu'à sa mort et resta le médecin d'un certain nombre de familles qui y résident encore et qui l'ont amèrement regretté ; cependant, il le quitta au bout de deux ans ; il se sentait mal à l'aise et pour ainsi dire dépaysé au milieu de cette activité commerciale. Quelqu'effort que fasse le médecin pour s'isoler des affaires de ses clients, il lui est impossible d'y rester complétement étranger, et si sa clientèle se compose presque uniquement de personnes appartenant à une seule classe de la société, les habitudes qu'il lui faut étudier, les confidences auxquelles il ne peut se soustraire, le conduisent malgré lui à en prendre, jusqu'à un certain point, les idées, à en contracter presque les mœurs, à en épouser même en partie les passions. Videcoq revint dans le 11e arrondissement ; il alla se loger dans cet appartement de la rue de Savoie où nous l'avons connu, et qu'il ne devait plus quitter.

Définitivement fixé, résolu à se livrer exclusivement à la pratique, il se présenta comme candidat aux différents services de l'arrondissement et fut successivement nommé : médecin du quatrième dispensaire de la Société philanthropique le 21 mai 1840, médecin du Bureau de bienfaisance le 27 octobre 1841, médecin-inspecteur des écoles communales le 12 mars 1842, et médecin de la Société de Saint-François Xavier en 1845.

Vous savez tous, Messieurs, avec quel zèle il s'acquitta de ces diverses fonctions. C'est une douce satisfaction de constater que partout ce zèle fut apprécié. A la Société philanthropique, il fut l'objet d'une bien honorable

exception : en 1844, le comité d'administration décide que tous les médecins et les chirurgiens demeureront dans la circonscription de leur dispensaire ; Videcoq ne remplissait pas cette condition ; il n'en est pas moins
nommé titulaire, mais le conseil arrête qu'on lui fera officiellement connaî-
tre l'exception dont il est l'objet ; « d'après les assurances qui lui ont été
données de votre zèle et de votre dévouement, le conseil a cru pouvoir
suspendre, en ce qui vous concerne, l'exécution de cette mesure, et
admettre votre candidature appuyée d'honorables témoignages » dit la
lettre signée du président de la Société. A la réorganisation du Bureau
de bienfaisance, il lui échoit une des circonscriptions les plus limitées,
mais en même temps l'une des plus chargées, par conséquent l'une des
plus favorables en apparence, et des plus pénibles réellement. Malgré
cette position désavantageuse dans tout service, mais surtout là où les
plaintes non fondées sont si fréquentes, Videcoq n'en conserve pas moins
sa réputation de zèle et d'infatigable activité. La Société de Saint-François Xavier, cherchant à reconnaître ses services, lui donne chaque
année un magnifique volume dont la réunion forme une belle collection,
et les indigents, faisant pour lui une exception presque unique, sentent
si bien l'importance des services qu'il leur rend, qu'il m'est arrivé,
Messieurs, pendant sa dernière maladie, d'être arrêté dans la rue, par
des pauvres qui me demandaient avec anxiété des nouvelles de leur
médecin.

Essentiellement homme de devoir, Videcoq ne pouvait manquer de
se faire distinguer dans toutes les circonstances où le dévouement des
médecins était mis à l'épreuve.

Il était interne à l'Hôtel-Dieu lorsqu'éclata la révolution de 1830. Le
mardi 27 juillet, quelques blessés seulement arrivent à l'hôpital, mais
ils se succèdent sans interruption ensuite. Videcoq leur donne des soins
jour et nuit et se dévoue si bien à leur service que, passant le dimanche
de grand matin sous le péristyle pour aller d'une salle à l'autre, tenté
par la vue d'un matelas, il s'y jette et y dort cinq heures, malgré le
bruit qui se fait autour de lui ; il est vrai qu'il ne s'était point couché
depuis le mardi ; vous auriez dû m'avertir, dit-il au portier, lorsqu'enfin
il se réveille, — je m'en serais bien gardé, Monsieur, vous paraissiez si

fatigué. En 1848, il avait obtenu du suffrage de ses confrères, une des places de médecin au conseil de recensement ; il n'en vint pas moins, le 28 juin, en uniforme, partager à l'ambulance de la place St-André-des-Arts les fatigues et même les dangers des chirurgiens de compagnie, et y passa la nuit, quoique sa santé fût déjà chancelante.

Pendant les trois épidémies de choléra qui se sont succédé à Paris, Videcoq prit une part active aux secours qui furent organisés : en 1832, à l'hôpital Cochin, où il était interne ; en 1849, comme chef de l'une des ambulances ; il obtint en cette qualité l'une des rares médailles qui furent distribuées dans l'arrondissement ; enfin, en 1854, comme membre de la commission des visites préventives, service pour lequel il obtint également une médaille.

Mais s'il se dévouait sans hésitation et sans mesure dans ces tristes circonstances, il n'en ressentait pas moins, chaque fois, une atteinte profonde ; sous une froideur apparente, Videcoq cachait une grande sensibilité, et les émotions inséparables de ces pénibles fonctions agissaient plus énergiquement sur lui que sur la plupart de ses confrères. C'est là ce qui l'avait décidé à abandonner presque complétement l'exercice de la chirurgie, à laquelle semblaient le destiner ses études à l'Hôtel-Dieu, et qu'il pratiquait, d'ailleurs, avec talent ; dans les dernières années de sa pratique, surtout, il aimait mieux laisser à d'autres cette émouvante partie de notre art, toutes les fois qu'il s'agissait d'un malade qui pouvait donner au chirurgien des honoraires convenables ou d'un indigent pour lequel il pouvait, sans scrupule, réclamer la coopération gratuite d'un confrère ; dans les autres circonstances, il opérait, mais c'était un sacrifice de plus qu'il faisait à ses malades.

Les sentiments d'estime et d'affection qu'il professait pour ses confrères, le soin avec lequel il se tenait au courant de la science, devaient lui faire rechercher ces réunions scientifiques modestes qui tiennent bien plus de la famille que de la Société savante ; aussi fut-il l'un des fondateurs de votre Société et de celle des médecins des bureaux de bienfaisance. Vous vous rappelez tous, Messieurs, avec quelle assiduité il fréquentait vos séances, avec quelle lucidité il exposait son opinion, avec quelle fermeté et quelle politesse à la fois il savait soutenir la discussion. Les deux Sociétés lui donnèrent à l'envi une preuve non équivoque de leur estime, en le nommant leur vice-président.

Videcoq était arrivé à cette période de la carrière médicale où il ne reste plus qu'à recueillir le fruit des travaux antérieurs. Entouré d'une famille honorable, pourvu de relations qu'il avait su choisir et restreindre, honoré de l'affection et de la confiance d'une clientèle qui suffisait amplement à occuper tout son temps, aimé et estimé de ses confrères, apprécié des administrateurs avec lesquels il était en rapport, il voyait ses enfants grandir sous ses yeux, pouvait à juste titre être fier de ses filles, et commençait à trouver dans les progrès de son fils aîné la compensation des sacrifices qu'il avait faits pour lui ; la modération de ses désirs le préservait de l'agitation fébrile de l'ambition ; le calme de son esprit lui faisait supporter avec patience ces mille contradictions de la clientèle médicale ; il aurait joui de toute la somme de bonheur que l'homme peut espérer sur la terre, s'il avait eu la santé ; mais sa constitution s'affaiblissait de jour en jour.

Depuis plusieurs années, il payait par une nouvelle maladie, à la fin de chaque hiver, les fatigues qu'il s'était imposées. Trop bon médecin pour ne pas comprendre la gravité de semblables menaces, il jugeait de sang-froid son état, et s'était même soumis à l'usage de quelques médicaments ; il savait bien qu'il y avait à employer un remède plus efficace que tous les autres, le repos, mais c'était le seul qu'il ne croyait pas pouvoir se permettre. Cependant l'hiver dernier avait été pour lui meilleur que les précédents ; il avait traversé l'épidémie catarrhale avec assez de bonheur et n'avait point été obligé de s'aliter un seul jour ; il se félicitait de voir arriver le printemps et espérait avoir échappé pour cette fois encore à l'influence de la mauvaise saison. Il avait pourtant le sentiment intime de la diminution graduelle de ses forces : « Si je pouvais avoir quinze jours de repos, » disait-il au commencement de mars, mais en vain le pressait-on de les prendre ; il ne pouvait abandonner des malades en traitement, qui avaient mis en lui leur confiance, qui souffriraient de son absence, ne fût-ce que moralement ; il persista, sans rien diminuer de ses occupations habituelles, ne se permettant pas même, lorsqu'il rentrait chez lui, de prendre un repas nécessaire avant d'avoir reçu tous ceux qui l'attendaient.

Ses forces étaient épuisées; le 23 mars il arrive à midi, harassé de fatigue et ne peut déjeuner; sa famille, dans la plus vive anxiété, le presse de se mettre au lit. Il a, dit-il, encore trois personnes à voir; il se traîne en effet, chez elles, mais, vaincu par le mal, il rentre et se couche pour ne plus se relever. Le lendemain matin, il était facile de constater chez lui une pneumonie circonscrite vers la racine du poumon droit, à peine accompagnée de fièvre, et qui, certainement, se serait dissipée en quelques jours, si toute réaction n'avait pas été anéantie.

Videcoq crut d'abord qu'il ne s'agissait que d'une de ces affections légères auxquelles il n'était que trop habitué, mais dès qu'il vit que la maladie opposait une certaine résistance au traitement, il jugea que, sous une apparence bénigne, il se faisait chez lui un travail destructeur; tout en acceptant avec douceur les paroles d'espérance, il discutait froidement la marche des symptômes, et en faisait ressortir la grave signification. Il était bien obligé de s'en rapporter aux deux confrères qui le soignaient, sur les signes fournis par l'auscultation, mais il les soupçonnait de lui cacher une partie du mal; aussi saisit-il, pour s'éclairer, la première occasion qui lui fut offerte.

Une consultation avec M. Barth lui avait été proposée; il l'avait acceptée avec empressement; avant de se prêter à l'examen du consultant, il lui posa la question suivante : « Me promettez-vous de me dire franchement s'il s'agit maintenant d'une maladie récente ou d'une affection antérieure? » Et sur sa réponse affirmative, il se laissa examiner; notre excellent maître put répondre heureusement en toute franchise : il s'agit d'une pneumonie lobulaire. Videcoq le remercia, mais il ne s'en prépara pas moins à la mort, avec tant de calme et de résignation, d'ailleurs, qu'un de ses médecins l'examinant quelques instants avant la funèbre cérémonie qu'il avait provoquée, constatait l'absence presque complète de fièvre et les signes évidents de la résolution de la pneumonie. L'espoir que cette amélioration nous fit concevoir ne fut pas, hélas ! de longue durée : un point pleurétique se déclara le surlendemain à gauche, six jours après, il y avait de l'épanchement; ces nouveaux accidents parurent d'abord céder, mais la fièvre et la faiblesse allèrent augmentant chaque jour ; le poumon droit s'engagea de nouveau, et dès lors l'état du malade parut désespéré. Une seconde consultation, dans laquelle M. Trousseau voulut bien se joindre à M. Barth, n'eut d'autre résultat que de nous donner la triste certitude que nos efforts seraient infructueux, et Videcoq s'éteignit le 17 avril, après quatre heures d'agonie.

Pour sa famille, pour ses malades et surtout ses malades indigents, pour nous enfin, Messieurs, Videcoq est mort trop tôt, et nos regrets nous représenteront toujours les longues années qu'il pouvait encore passer au milieu de nous ; mais si nous considérons le bien qu'il a fait, cette longue suite d'œuvres de charité et de dévouement qui a rempli sa vie, nous serons obligés de reconnaître qu'il avait assez vécu, et qu'il était temps pour lui d'aller recevoir dans un monde meilleur la récompense de ses travaux.

Rappelons-nous cette affluence de parents, d'amis et de médecins qui remplissait l'église à son convoi, ces pauvres, qui étaient venus spontanément s'y joindre, l'émotion produite autour de sa tombe par les paroles touchantes de notre collègue M. Machelard, le témoignage que lui a rendu dans son journal l'un de ses anciens collègues de l'Hôtel-Dieu, M. Caffe ; rappelons-nous cette unanimité de regrets et d'éloges, et que ce soit pour nous une consolation dans notre douleur et une invitation à marcher sur ses traces.

Paris. — Imprimerie FÉLIX MALTESTE et Cⁱᵉ, rue des Deux-Portes-St-Sauveur, 22.